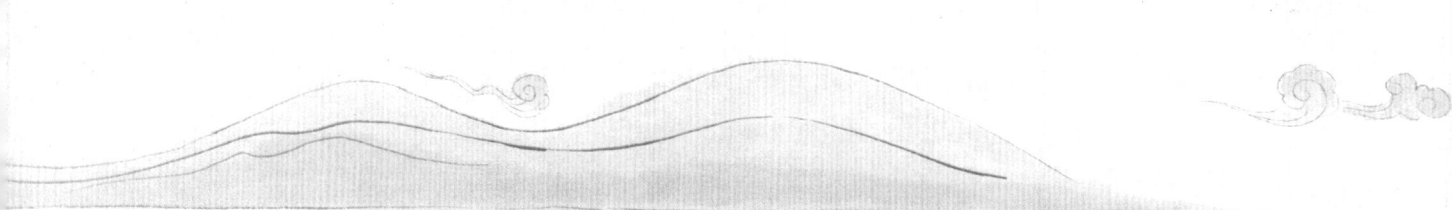

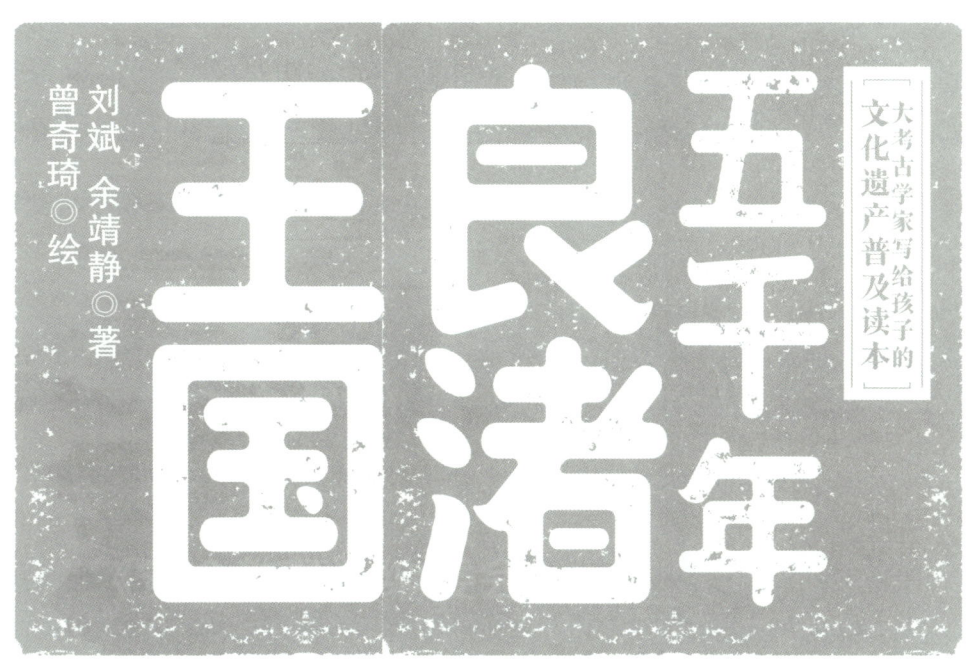

五千年良渚王国

[大考古学家写给孩子的文化遗产普及读本]

刘斌 余靖静 ◎ 著
曾奇琦 ◎ 绘

浙江少年儿童出版社·杭州

图书在版编目(CIP)数据

五千年良渚王国/刘斌,余靖静著;曾奇琦绘.—
杭州:浙江少年儿童出版社,2019.7(2019.8重印)
ISBN 978-7-5597-1501-2

Ⅰ.①五… Ⅱ.①刘… ②余… ③曾… Ⅲ.①良渚文
化－青少年读物 Ⅳ.①K871.13-49

中国版本图书馆CIP数据核字（2019）第122636号
审图号:GS(2019)2341号

五千年良渚王国
WUQIANNIAN LIANGZHU WANGGUO

刘斌 余靖静/著 曾奇琦/绘

责任编辑：楼 倩 徐紫馨
美术编辑：鲍春菁
装帧设计：艺诚文化
责任校对：潘祎丹
责任印制：孙 诚
出版发行：浙江少年儿童出版社
（杭州市天目山路40号）
印刷：杭州富春印务有限公司
经销：全国新华书店
开本：889mm×1194mm 1/16
印张：6.75
2019年7月第1版 2019年8月第2次印刷
ISBN 978-7-5597-1501-2
印数：5001－10000 定价：78.00元

（如有印装质量问题，请与承印厂联系调换）
承印厂联系电话:0571-64362059

目录

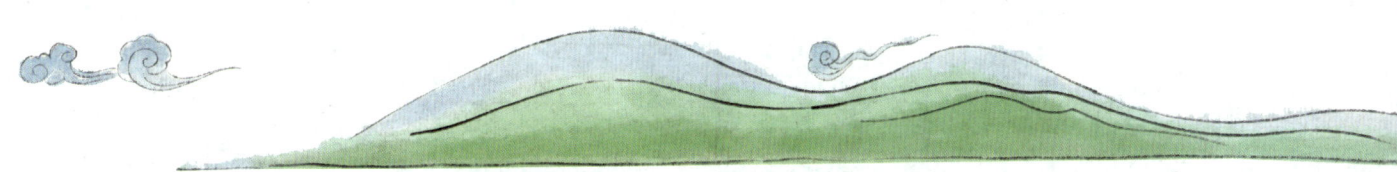

水 2
沿水而居，依水而生，
一个神秘的远古文明兴起。

城 34
以山为郭，天地之中，
一座辉煌的良渚古城应运而生。

玉 66
神眼观照，神徽印刻，
一把密钥开启良渚文明的内涵。

　　五千年前的良渚人是幸运的。

　　他们所生活的太湖流域，碧水纵横，绿树繁茂，白鹭轻飞。

　　五千年前的良渚人是勤劳的。

　　他们依水而居，种水稻，捕鱼虾，筑屋制陶，饲蚕养猪。

　　五千年前的良渚人更是有智慧的。

　　面对暴雨和洪水的挑战，他们用几十年的时间，设计并修建了世界上最早的拦洪大坝系统。

哈拉帕文明

良渚文明

印度河

长江

五千年前，在世界各地出现的人类文明中，最著名的四个，都和河流有关。

长江，亚洲第一长河、世界第三长河，在它一路奔流入海的下游区域，有一片美丽广阔的太湖平原。

在这里，良渚文明应运而生。

当时，世界上绝大多数地区人们的主食是麦和粟。

可是，良渚人生活的太湖流域水网密布，气候温暖湿润。他们种的粮食很特别，名叫"水稻"。

耕种

水稻是世界上最古老、最重要的农作物之一。探寻它的起源地，对人类文明的发展有着重要的意义。一百多年来，各国为此争论不休。

五千年前，良渚人种植的稻田规模已相当可观。

七八千年前，浙江的跨湖桥人和河姆渡人开始栽培水稻。

一万年前，浙江浦江的上山人就吃上了野生稻米。

考古学家还在继续努力研究……

长江下游是水稻的起源地之一。一万年前，这里的人们就开始种植水稻。到了五千年前的良渚时期，人们种植水稻的技术有了很大的改进，发明了不少农具。

耕种时，良渚人用石犁。以前，翻一锹土或掘一锄土，人就倒退一步，而犁耕则是不断地向前拉，开垦土地的速度明显加快。

可拆卸三孔犁

在良渚之前的崧泽文化晚期，人们就发明了石镰。

良渚人用的石镰，形状已经和我们现在的镰刀一样了，一面平，一面有斜锋，必须在制作时就确定是左手持拿还是右手持拿。

有趣的是，良渚出土的石镰中，从其刃面和把柄的结构看，90%是供左手使用的。这是否说明良渚人中有很多左撇子？

石镰

收获后,良渚人有条不紊地进行晾晒,再将粮食储存起来。

粮仓是城市的必备要素。

考古学家发现,在良渚王国的都城里,有规模很大的粮仓,可以储存几十万斤的稻谷。

捕捞

水不仅孕育了粮食,也给良渚人带来了丰富的水产。

良渚人的食谱里,有鲤鱼、鲫鱼、鳡鱼、青鱼、鳖、龟、蟹、蚬、螺蛳、蛤蜊、河蚌等。

这种以稻、鱼为基本食材的膳食结构,被西汉著名史学家司马迁概括为"饭稻羹鱼"。

捕捞鱼虾，船是不可或缺的。

在距今八千年左右的浙江萧山跨湖桥遗址中，考古学家发现了一条巨大的独木舟和两支木桨，独木舟由松木刳制而成。2010年，在浙江余杭茅山的良渚遗址中，也发现了一条7米多长的独木舟。

良渚遗址里还出土了很多木桨。这些木桨叶宽大多已在20厘米左右，总体长度大多已达90厘米。良渚之前的、距今约七千年的浙江河姆渡遗址，也出土过木桨。比较起来，良渚人的木桨几乎要宽长一倍。

又宽又长的船桨能够拨开更多的水，良渚人的行船速度就更快。

果然还是你说得对，刚才可吓死我了！

别高兴得太早，你看他们在琢磨的这些捕鱼工具，我觉得不太妙。

良渚人用各种方式捕鱼：用渔网捕；用石头或者骨头制成"鱼镖"，接上木柄，投入水中刺鱼；还会使用一些小的竹编渔具，譬如"倒梢"——"倒梢"是圆锥形的，口端有向里伸的细竹条，鱼一旦游进去就出不来了。

采集

良渚人还爱吃水果和蔬菜。

桃、杏、梅、柿子……还有菱角、葫芦等。

狩猎

　　除了耕种、捕捞和采集,良渚人还制作了弓箭来打猎,以获取更多的食物。

　　此外,弓箭也是他们的武器。

良渚人的弓与箭

石镞(zú) 骨镞

良渚人捕猎最多的是鹿和野猪。野猪被捕获后，除了直接食用，还会被驯养，变成家猪。

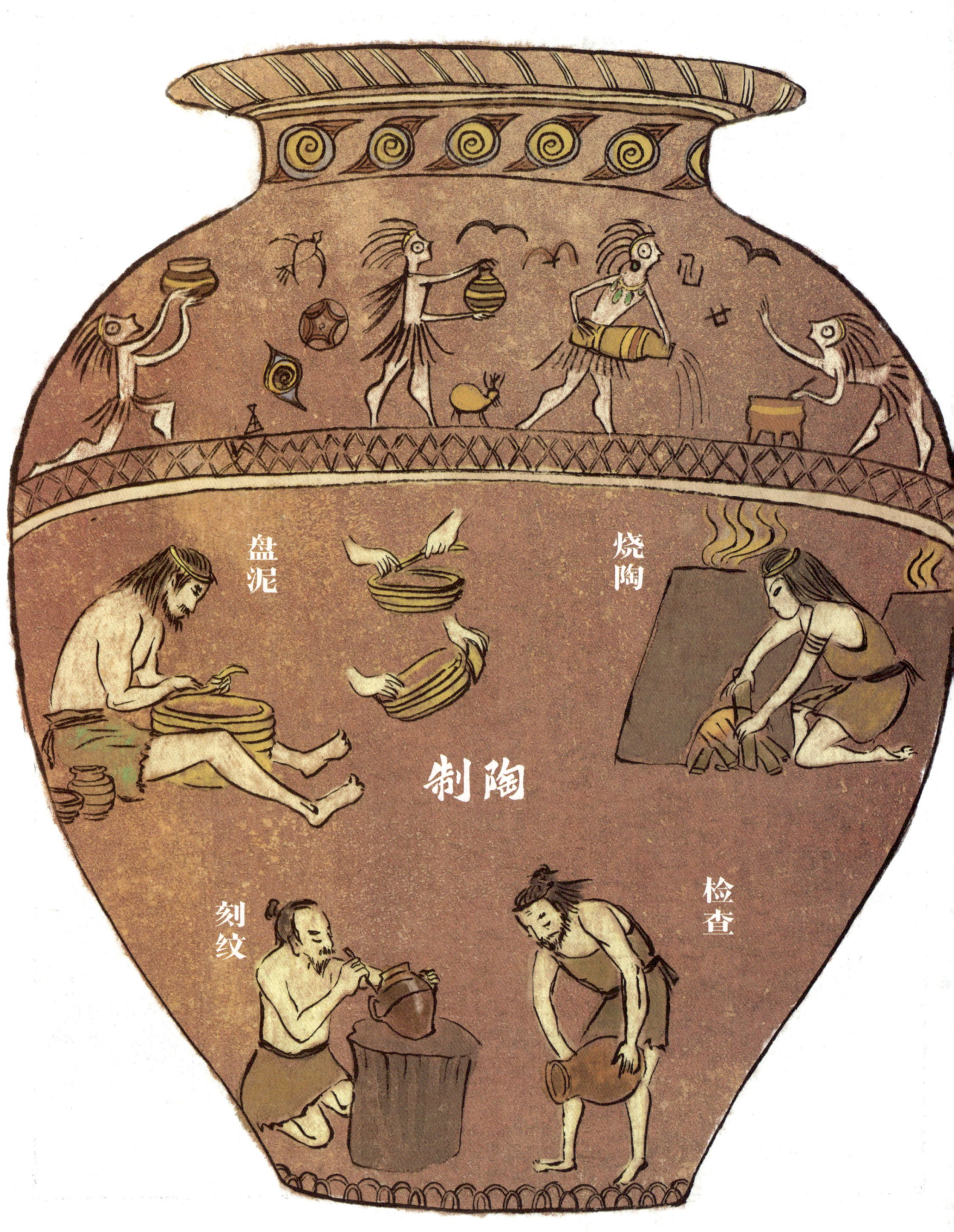

讲究饮食的良渚人，烧制了各式各样的陶器来盛放食物。

钵(bō)

实足鬶(guī)

鼎

豆

罐

盆

盘

缸

袋足鬶

双鼻壶

刻符

良渚人还在他们制作的陶器上刻上了各种各样的符号。

这些符号,很有可能就是文字的"祖先"哦。

世界上有一些古老文明的文字,譬如古代埃及的圣书体、古代两河流域的楔形文字、古代中国的汉字、美洲玛雅人的象形文字,都起源于图绘。

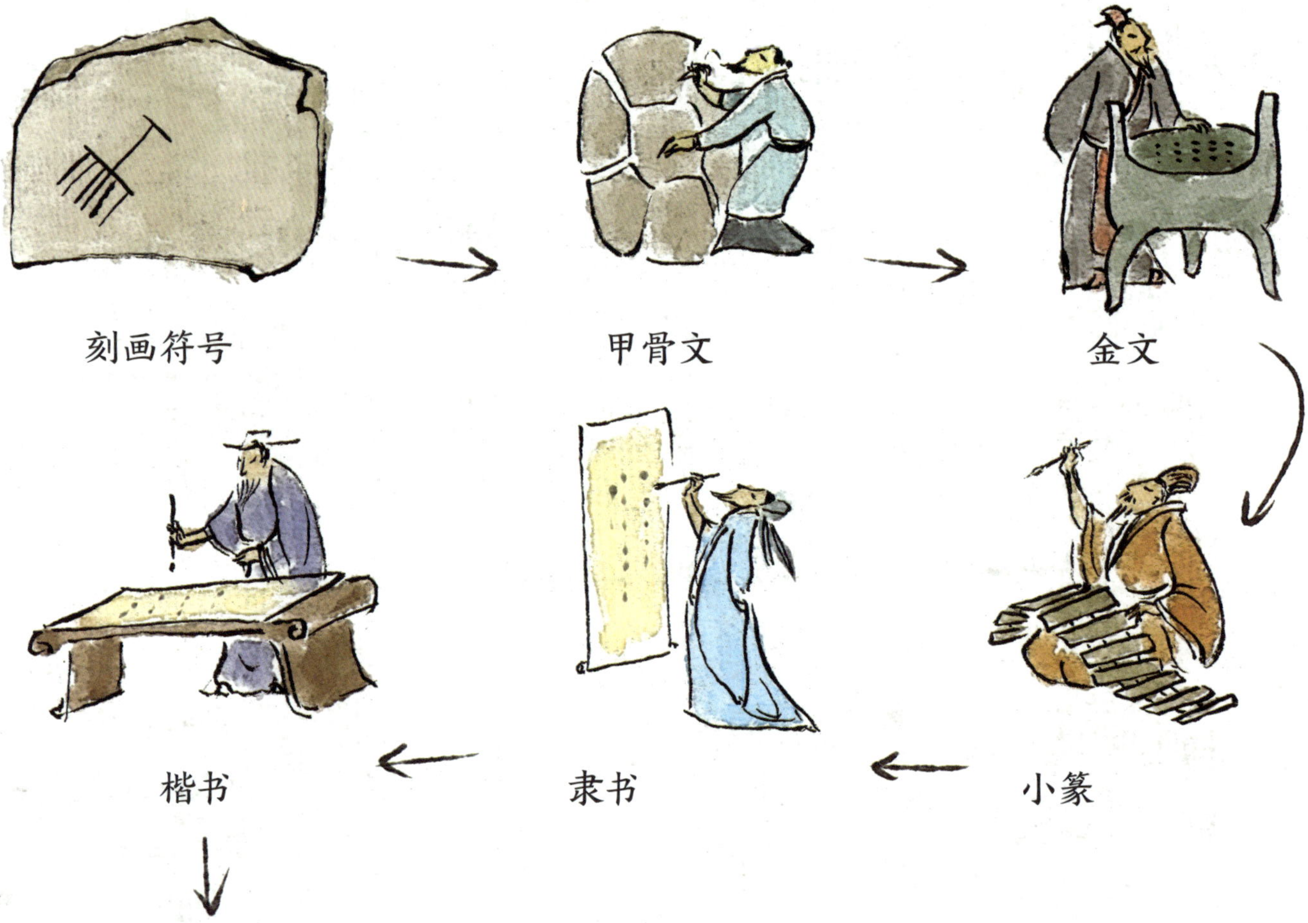

刻画符号 → 甲骨文 → 金文

楷书 ← 隶书 ← 小篆

↓

印刷体

今天,其他古老的文字都已湮灭,只有中国的汉字沿用至今。

几千年来,生命力最强的汉字,在不停地演变:甲骨文、金文、小篆、隶书、楷书……

这些陶器残片上的刻符,至今还没能被全部"破译",你不妨猜猜它们的意思。

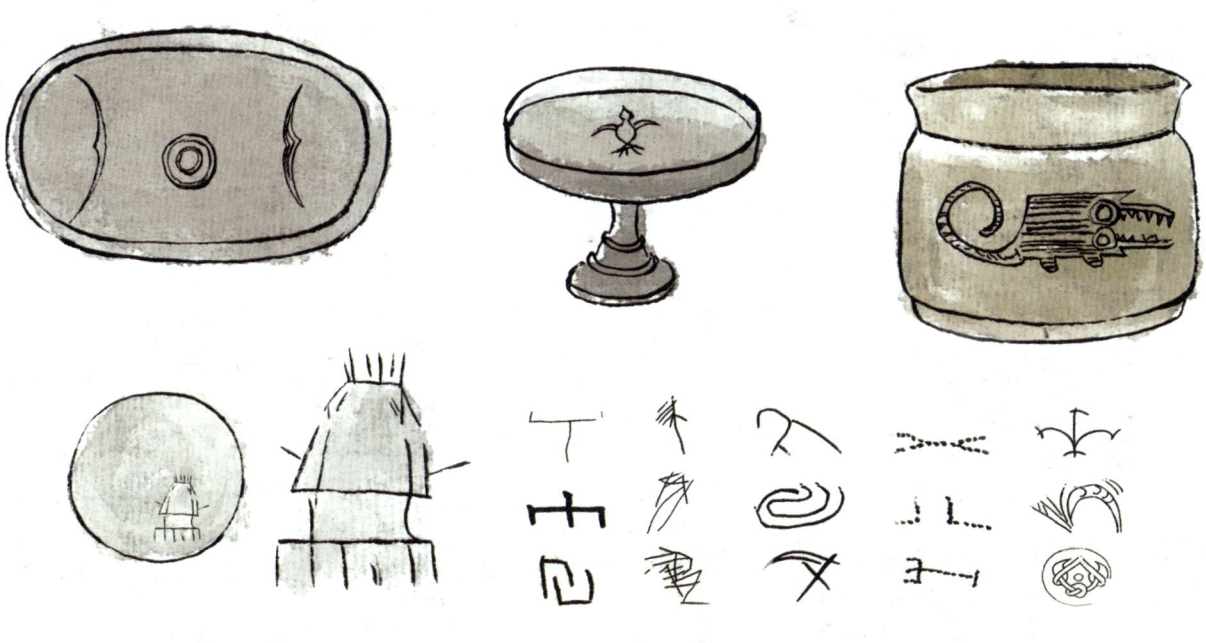

良渚陶器上的刻符,不仅有单个的,还有"组团"的。在一个黑陶罐上,良渚人刻下了十二个连续的符号。

有古文字学家推测,上面记载了一个捕虎的故事。

从这个黑陶罐出土至今,人们对这些符号展开了很多想象!

良渚贵族的织机和纺轮，还有嵌玉的，非常漂亮和高贵。

纺轮

纺织

太湖流域有许多桑树，良渚人会养蚕、织丝。不过他们穿的衣服主要是麻布做成的。

苎麻是中国特有的植物，有"中国草"之称。

良渚人的生活并不总是和平安宁的,他们面临着很大的挑战:暴雨和山洪。

一旦夏季暴雨侵袭,山洪暴发,就是灭顶之灾。良渚人必须想出办法治水。

治水

富有智慧的良渚人设计并修建了一个庞大的水利系统。

为了筑坝，他们发明了"草裹泥"工艺——用芦荻、茅草把泥土裹成砖头大小的草包。

可别小看这种草包，它应该是土坯和砖的前身。草包的发明，解决了预先制作备料、运输和垒砌的问题。

有了它，良渚人才可以组织大量人力，在短时间内修建水坝、城墙和宫殿。

五千年后，考古学家找出了一个个草裹泥包，他们惊奇地发现：泥包里面竟然有一朵绽放的小花！

谷口高坝

良渚人的水利系统形成上下两级水库。良渚人用20多米的高坝拦截山谷，水面可深入山谷约2千米。水库不仅可以储水，山中的木材也可以运出来。

9.39平方千米的水库
面积≈西湖面积×1.5
容量≈西湖容量×4

平原低坝

良渚人将平原上这些独立的小山用10米多高的低坝连接起来，再通过山前一条5千米的长堤，将水引到良渚城的北面。

良渚人的水利技术非常先进。他们修筑了世界上最早的拦洪大坝系统。这也是中国最早的大型水利系统，比传说中大禹治水的时代还早了约一千年。

这个由十一条堤坝组成的水利系统，保护了良渚王城外围约100平方千米的区域。

山前长堤

良渚人还在王城内外挖掘人工河道，把城内外的水域都连接起来，以利于运输。

五千年前，良渚人就有这样的规划能力，这样的设计水平，这样的动员能力……令人震撼！

城

  五千年前，依据"以山为郭、天地之中"的理念，良渚人在现今浙江余杭的一处平原湿地上建起了王城。

  王城的中心是宫殿，台基有十几米高，面积有0.3平方千米。内城面积约3平方千米，有四个故宫那么大；外郭城面积约6平方千米，有八个故宫那么大。王城的北面和西面，有庞大的水利系统。最远的水坝，距离王城有十几千米。

  这是目前所知的中国境内新石器时代最大的城址，2007年发现时被称"中华第一城"。五千年前，上万良渚人安居于此，一住就是一千年。

选址

都城要建在哪里？良渚人经过了精心勘察。

他们依据这里的山川地理，做了周密的规划。

建城的位置定在大雄山和大遮山之间的中心位置，西面是现在杭州市瓶窑镇的窑山。从城的中心到三面的山脚下是等距离的，都是3千米。

水稻

太湖

这里依山,也傍水,东苕溪和良渚港就在附近。
良渚人能比较便利地从山上获得石材、木材等。
同时,地处广阔的河网平原,稻作捕鱼,水路交通也很方便。

木材

良渚

石材

规划

要建城，得注意什么？

城应该建在两山之间，体现"天地之中"。

要先在瑶山和汇观山上筑坛祭祀，测量方位。

良渚人高瞻远瞩。要建都城，必须治水，才没有后顾之忧。

宫殿

宫殿也很重要。

在王城的中心位置，良渚人堆筑起一座十几米的高台，作为宫殿的地基。我们称它为"莫角山"。

整个高台，东西长630米，南北宽450米，高12—16米，有200多万立方米的土。在宫殿之间，良渚人用沙土铺成了7万平方米的广场。

考古学家发现，这十几米的高台土层之间并没有间歇停留的痕迹。这说明，这"山"是在短时间内堆筑起来的。

他们在干吗？

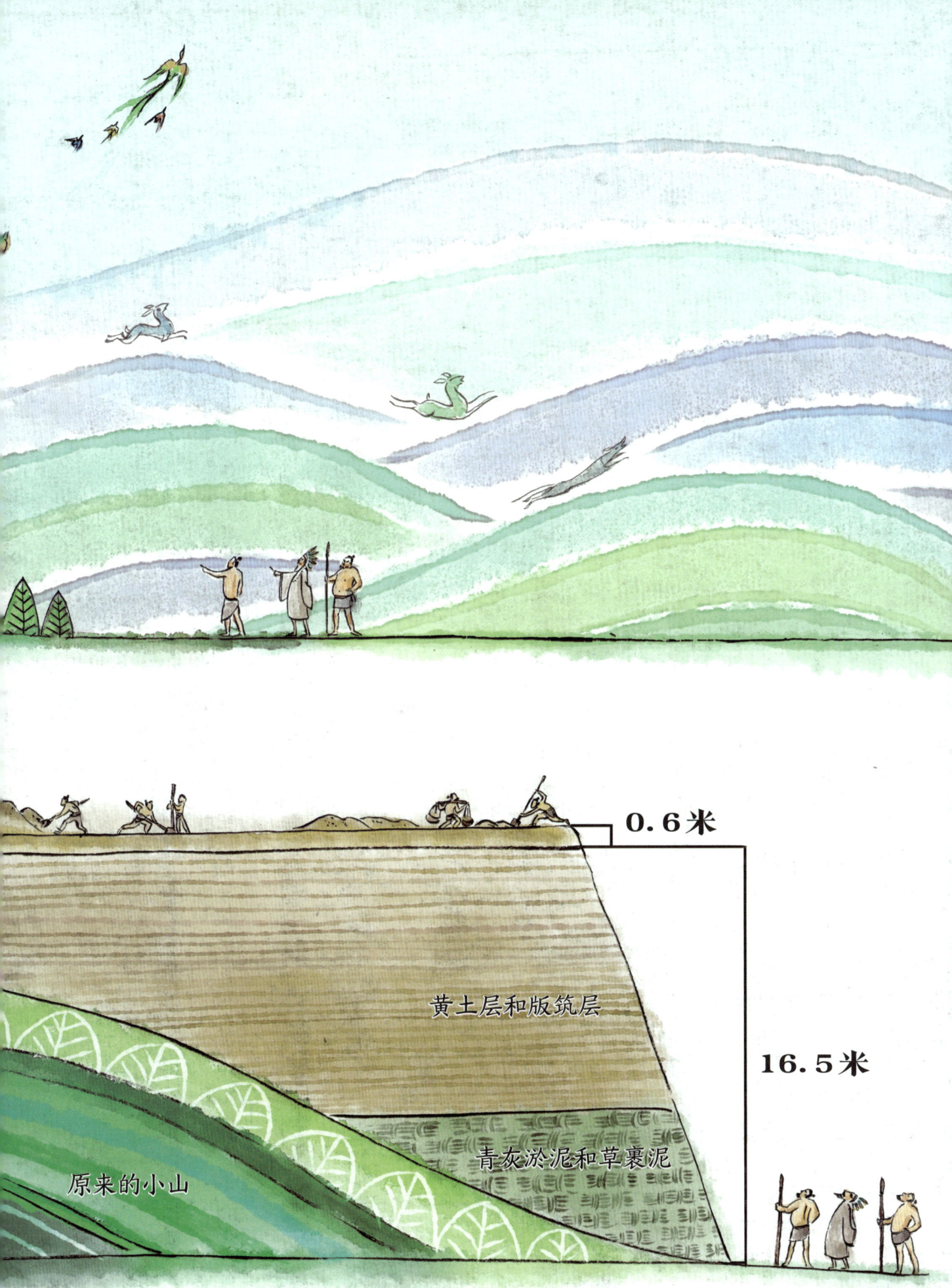

良渚人运来巨木,在莫角山上建起了宫殿。考古发现的木头,长14—17米。

45

五千年前，良渚国王就是站在这个十多米的高台上，俯瞰全城。
他的心里一定很自豪吧！

祭台

要建城，离不开勘测。

良渚人在东北面的瑶山和西北面的汇观山上分别建起了祭台，用来确定方位和观象测年。

良渚人在这里看太阳，看月亮，看星星。

祭台可以说是最早的天文仪器，人们通过观测日出日落的方位来测年，后来才有了测定日影长度的圭表。

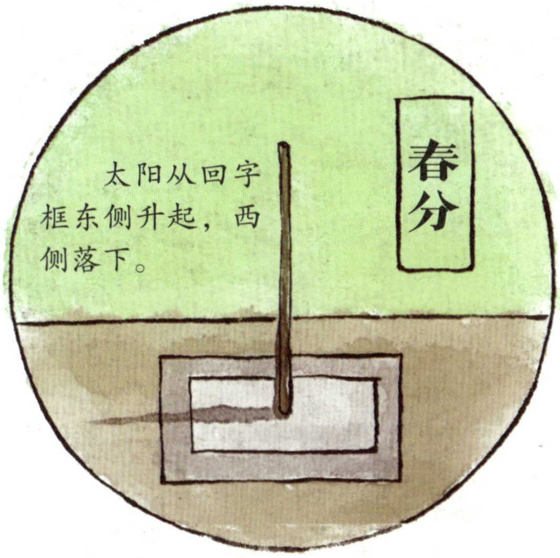

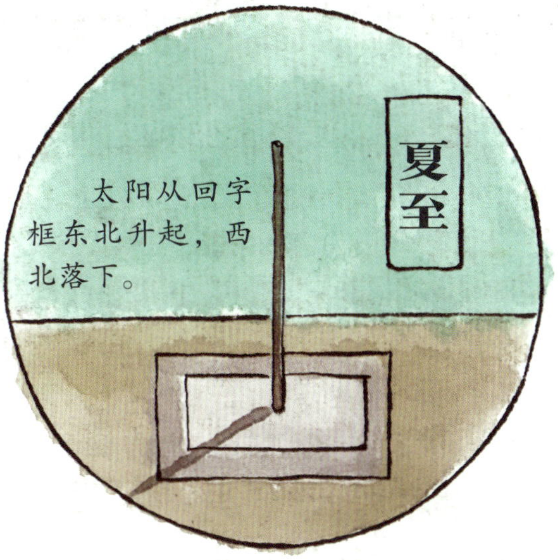

春分 太阳从回字框东侧升起，西侧落下。

夏至 太阳从回字框东北升起，西北落下。

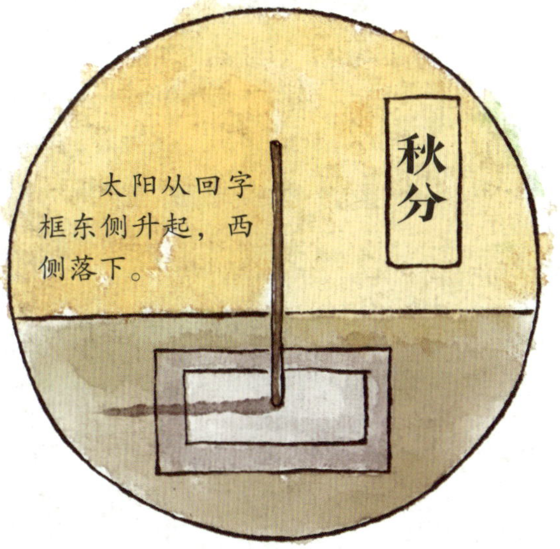

秋分 太阳从回字框东侧升起，西侧落下。

冬至 太阳从回字框东南升起，西南落下。

一代代的先民观测日出日落的方位，观察日影的变化，记录日月在天空中的运行轨迹，才渐渐形成了成熟的天文历法。

农业产生离不开历法知识。中国是世界上最早掌握历法的国家之一。

喏，我就睡那儿。

瑶山祭坛应该还有祭祀的功能，国王、贵族死后也有部分安葬在这里。

筑城

在修水坝、筑宫殿的同时,良渚人还在规划修建宏伟的城墙。

大雄山

　　一般修城墙，是先挖护城河，再用河里的土来筑墙。可是良渚人不一样，他们在城墙底部铺了很多石头作为地基。为什么这么做？因为良渚古城是建在沼泽地上的，石头地基不仅坚固，能防止雨季洪水侵蚀，还能避免地下水渗透上来。

　　铺好了石头，良渚人再用从附近山上运来的黄黏土堆筑城墙。

　　这么有技术含量的做法，在世界同时代的遗址中尚属首见。

约4米

良渚古城有多气派？看看城墙就知道了。

东西南北四面城墙，每段城墙的长度都超过了1500米。城墙不仅长，还很厚，最窄的地方约20米，最厚的约150米。

现存最高的北城墙有4米高，据此，考古学家算了一笔账：这么大的工程量，假设三个人一天挖一土方，一万个人大概要连续工作一年。

考古学家还发现，城墙的修筑是不间断的。这说明修城墙的时间可能更短，这就需要更多的人才能做到！而且，工人们做工还需要工具和食物，以及其他后勤保障。

无论是水坝的建造还是城墙的修筑都说明：五千年前，良渚人的组织能力已经相当强了。

陆城门

水城门

58

　　良渚古城是一座水城,城内河道纵横,城外东、北、西三面都有几百米宽的水面,就像水泊梁山一样。

　　良渚人出入主要靠水路交通。这从城门就可以看出。

　　良渚古城一共有九座城门,其中八座是水城门。

　　唯一一座陆城门,开在了南城墙的中部。

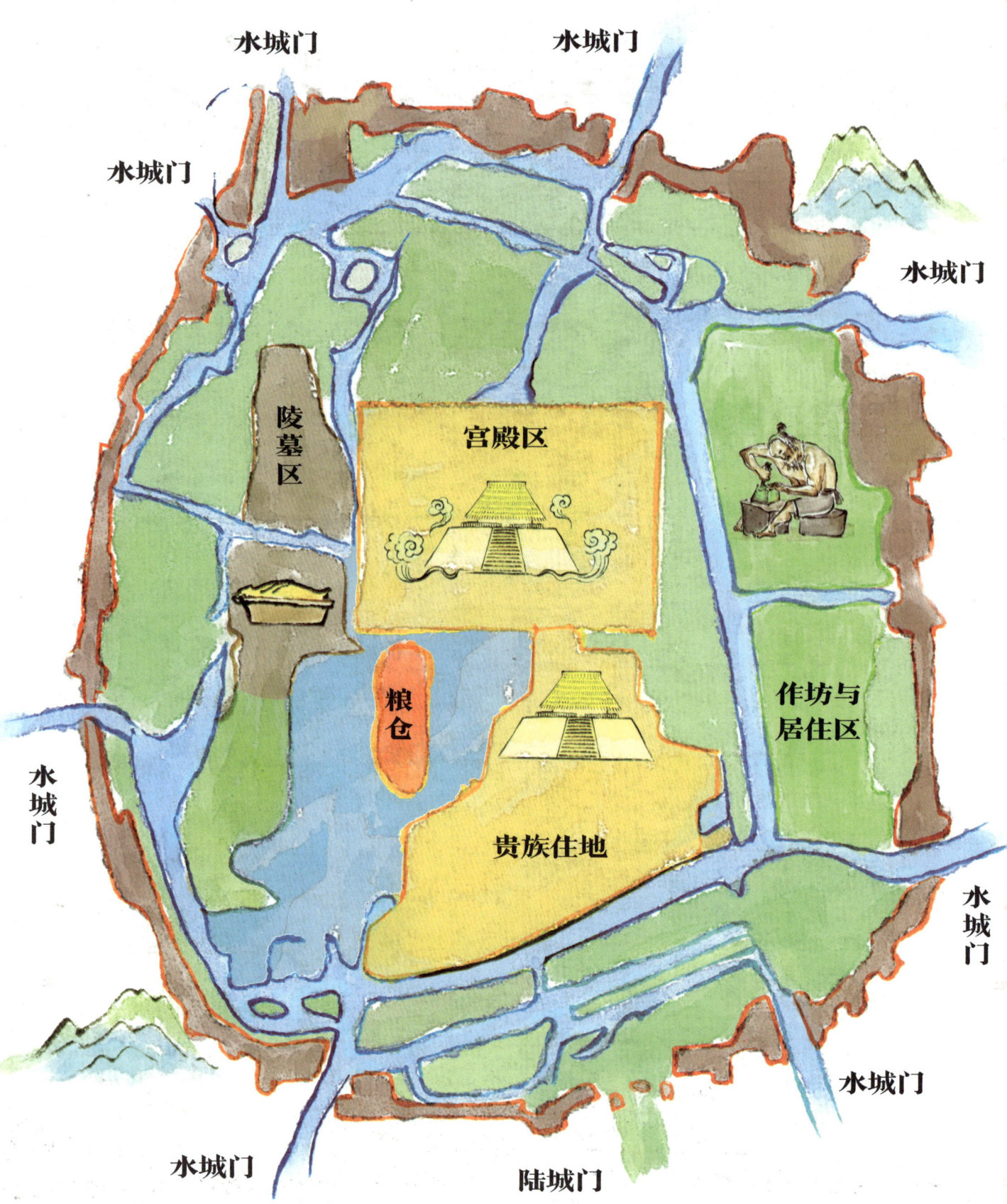

五千年前,大约有上万人住在良渚古城里。

这些居民主要是良渚的贵族和手工业者。

良渚的手工业分工较细,既有制造玉器、陶器的匠人,也有制造石器、漆木器等的匠人。

国王

贵族

手工业者

木匠　　　　　　陶匠　　　　　玉匠

随着居民人数的增多,城里住不下了,良渚人开始在城外修建居住地。

居住地一般是宽二三十米、长几百米的高地,边缘用木板做护岸,这样船就可以直接靠到岸边。

美人地位于良渚古城东边外城，是一处居住地。整个居住地的规划和现在的江南水乡很像。

　　玉,一种稀有、美丽而坚韧的矿物,八千年前,中国人就开始用玉做装饰了。

　　五千年前,玉在良渚王国里十分流行。对良渚人来说,玉不仅仅是生活中的装饰品,体现他们的爱美之心;玉更是一种礼器,用于显示权力、地位,祭祀神灵。

　　良渚人设计了各式各样的玉器。在最高等级的玉器上,他们雕刻了极其精致而又富于想象力的神徽,寄托了一个族群的信仰。

　　良渚人对玉的这种极度推崇,一直延续至后世。"君子比德于玉","言念君子,温其如玉",在中国人看来,品德高尚的人应该具有玉一般的品质。

浮玉之山

　　人类按物质文化的出现划分文明,一般划分为"石器时代""青铜时代"和"铁器时代"。

　　可是中国很特殊,在新石器时代的中晚期,玉器使用现象十分普遍。

　　《越绝书》记载了战国时代的一段话,提到了"以石为兵""以玉为

兵""以铜为兵""以铁为兵"。有学者提出,在"石器时代"和"青铜时代"之间,中国还应该单设一个"玉器时代"。

良渚王国创造了辉煌灿烂的玉文化。良渚王城所依傍之山,是现在的天目山脉。在《山海经》里,天目山有一个美丽的名字——浮玉之山。

玉琮

玉琮(cóng)、玉璧、玉钺(yuè)是良渚王国三种最重要的礼器。

玉琮是良渚王国最著名的玉器。它们形态不一,有的是圆筒形,有的是方柱体。有的非常高,我们称之为高节琮。玉琮经历了从圆到方、鼻线加高的演变过程。不过,它们都是中间有穿孔的柱体,四面雕刻神徽。

目前所发现的最大的玉琮,重6.5千克,高8.9厘米,被称为"玉琮之王"。

在它的外壁中部,雕了8个复杂生动的完整神徽,每个高不足3厘米,宽不足4厘米。

刻画神徽的线条比头发丝还要细,在1毫米的宽度内甚至有四五条笔直平行的细线,每条仅0.1至0.2毫米。

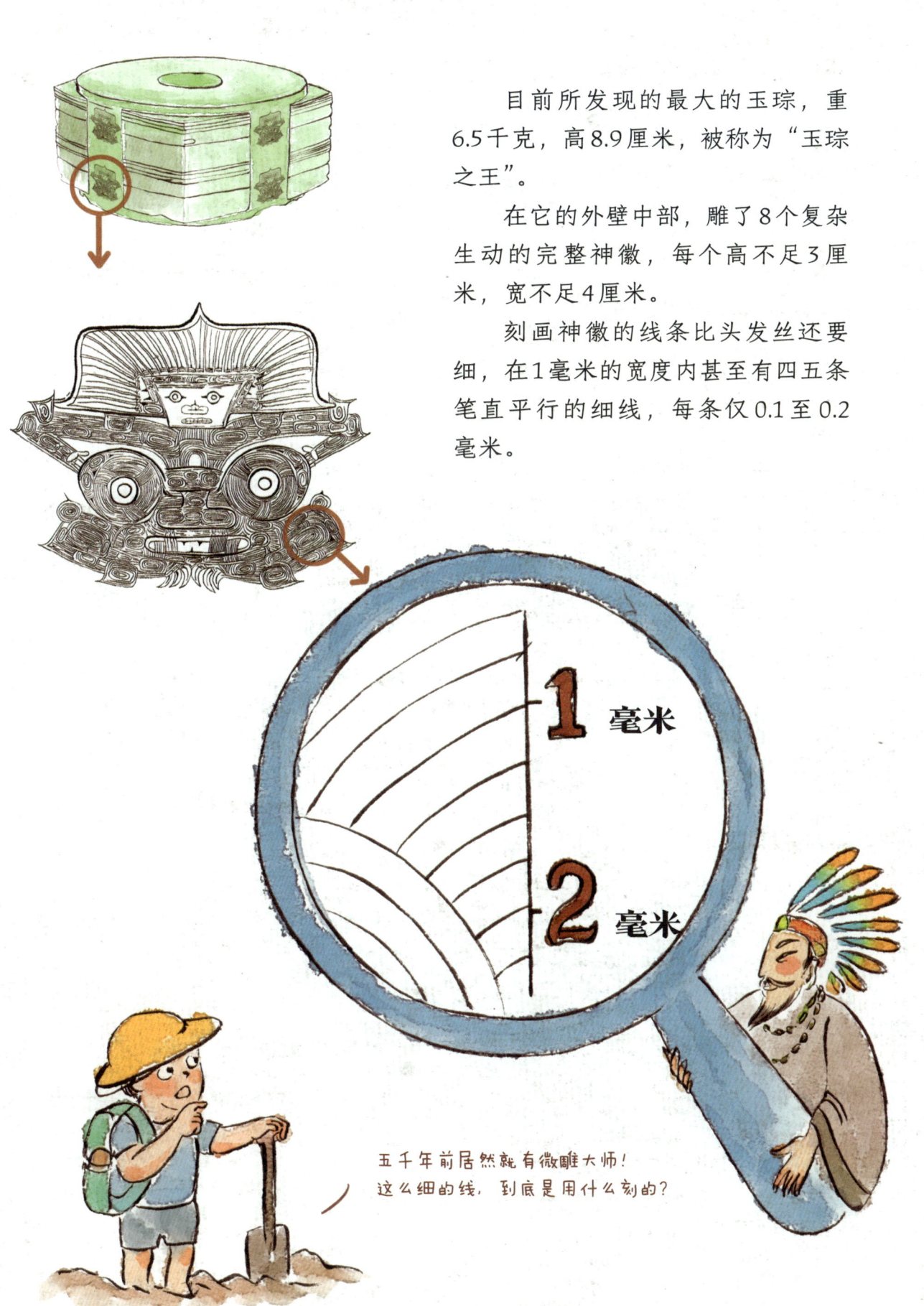

五千年前居然就有微雕大师!
这么细的线,到底是用什么刻的?

是用金属工具？但目前没有证据证明良渚文明出现过青铜等金属制作的工具。

有人猜测，是用高硬度的燧石工具刻的。

或是用鲨鱼牙或者鳄鱼牙？这种猜测的灵感来自于亚马孙河流域的土著人，他们用水虎鱼的牙齿做刀锯。

总不会是外星人干的吧？答案稍后揭晓！

玉璧

玉璧，中央有穿孔，是良渚王国另一种重要的玉器。
由于浑圆像天，所以被后世的《周礼》定为祭天的礼器。

良渚时期的玉璧以素面为主，只有极少数出现了刻纹。这些刻纹共同的主题是"鸟立高台"。典型的"鸟立高台"图案由立鸟、高柱、阶梯式高台和台上其他物体四部分组成。

有专家认为，这就是良渚王国祭祀时的真实场景。

在良渚人看来，鸟不只是一种飞禽，更是沟通人与神、人与日月、人与万物的信使。

"北红山，南良渚"，和良渚文化并称的红山文化，地处中国北方地区，也是一个以玉文化为特色的文明。

有意思的是，同样是雕玉鸟，红山的玉鸟，形象主要是老鹰这样的猛禽；良渚的玉鸟，形象主要是燕子这样性情温顺的鸟类。

红山文化中的玉鸟　神似老鹰

良渚文化的玉鸟　神似燕子

鸟类上天下地的飞翔特性，令人类向往，尤其是候鸟定时定点飞来的生态现象，更增添了鸟的神秘感。在许多民族和文化中，都有关于鸟的神话，比如古埃及和日本都有自己的神鸟。

古埃及的圣鸟　朱鹮

日本的神鸟　三足乌

75

玉钺

玉钺是良渚王国里数量极少的玉器，等级非常高。

钺是一种像斧头的武器。但是用玉制成的钺却不是武器，而是代表王权的权杖。

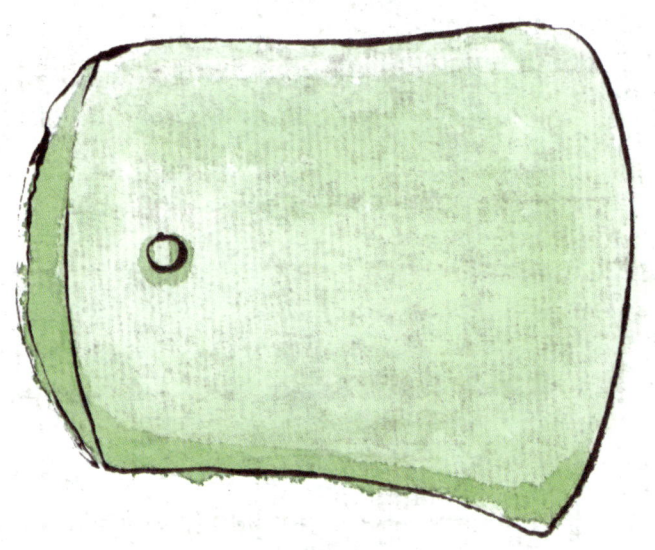

一柄豪华的玉钺包括钺身、权杖、权杖上端的瑁和下端的镦（duì）。

在良渚王国的"玉钺之王"上，两面均刻有完整的神徽以及鸟纹，刻纹精致，不逊于"玉琮之王"上的纹样。

玉器制作

这么多良渚玉器是怎么制作出来的呢？

良渚城内有很多玉工坊。在良渚城外约18千米的浙江德清，也有一个大规模的玉器加工作坊。玉器的制作包括采玉、粗加工、细加工等步骤。

第一步：采玉。

玉料来自何方？良渚人的玉料来自山中玉矿。

此外，根据明代人记载，后世还出现了另一种"捞玉"的方法，就是人们到河滩或者浅水河道里去捡玉石。

第二步：玉的粗加工。

制作玉器时，良渚王国的玉工主要采取锯切割、线切割、管钻等方法。在工具匮乏的五千年前，要对玉石进行加工，玉工有一件法宝，那就是解玉砂。"他山之石，可以攻玉"，说的就是解玉砂。

解玉砂的制作

矿石　　　　　捣碎　　　　　筛去杂质

锯切割是用片状的石器和竹片，配合有硬度的解玉砂做直线切割，用于玉器的开料和剖面。

解玉砂

79

线切割一般是用麻线加水和解玉砂的制玉工艺，由于线是柔软的，所以经常在玉器表面留下抛物线形的切痕。

两种不同的切割方法形成的划痕完全不同。

平直切痕——锯切割。

弧形切痕——线切割。

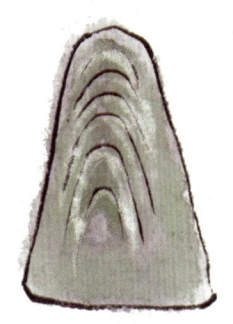

锯切割　　　　**线切割**

在良渚人的设计中,许多玉器是有孔洞的。这是怎么做到的呢?玉工会用一些管状物体加上沙在玉上急速转动、钻孔。

在管钻时,如果玉料高度超过管钻工具的长度,怎么办?

良渚人会把玉料翻个面,从另一头钻入。

但这样也容易出现问题:两头钻孔对不上……

不过慢慢地,单面钻孔技术逐渐取代了双面钻孔技术。

看来,良渚玉工的加工技术和加工工具一直在不断地改进。

第三步：玉的细加工。

有人猜测，良渚人的玉工可能分为两种：一般的玉工从事采玉和粗加工；只有少数人，譬如巫师，才有能力进行琢纹这种高级的工作。

琢纹采用的是硬度很强的燧石工具。"玉琮之王"上精细的微雕就是这么来的。

一件玉器的加工过程

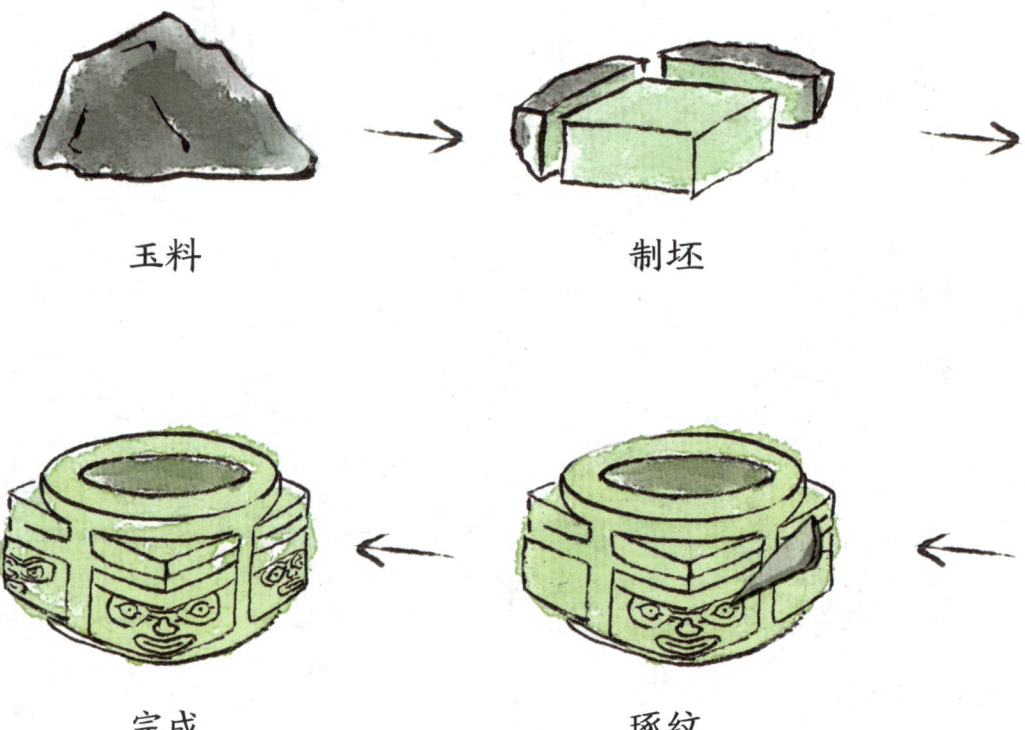

玉料　　制坯　　琢纹　　完成

玉器的使用

在良渚王国的贵族生活中,玉器的使用很常见。

他们祭祀用玉,身上佩玉,工具上嵌玉,甚至连漆具上也镶嵌了玉粒。

早起梳妆，准备祭祀。

戴上耳玉玦，插上玉冠。

王后的科普时间

我们良渚贵族对玉器的使用是分性别的。

玉琮、玉镯、玉串饰、玉冠，这些男女都可以用。

玉璜、玉纺轮、玉圆牌，这些则是女性专用。

玉玦

作为耳饰时，有三种戴法：夹耳垂法、穿耳洞法、绳系法。

龙首纹玉镯

玉镯的外壁上琢刻了四个浮雕兽头，这是良渚人信仰的另一种像龙的神灵。

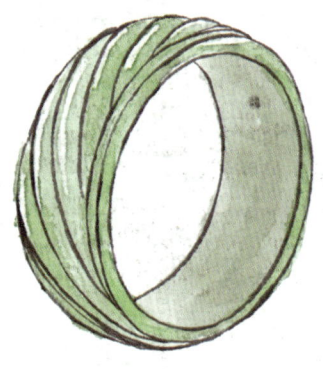

绞丝纹玉镯

纹理类似绞丝，目前仅见一件。

穿上手镯、臂镯，

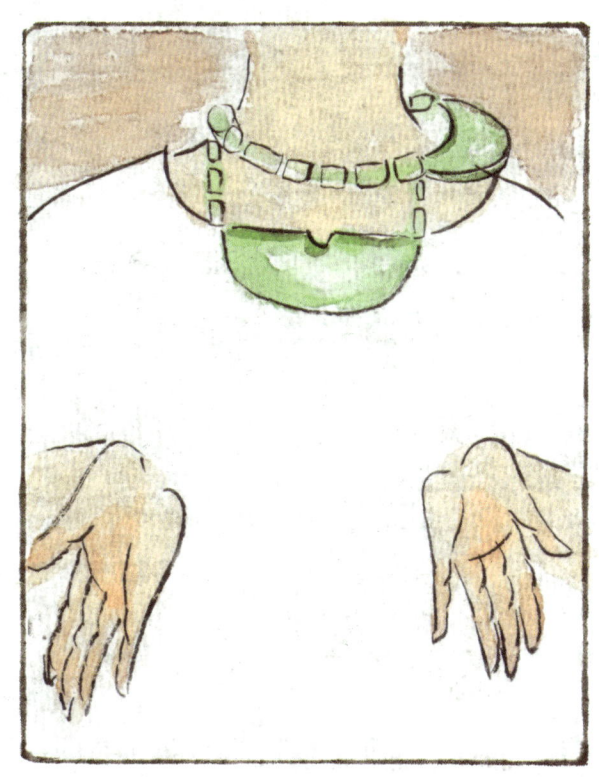
以及玉璜串。

玉背象牙梳

这种梳子有两种插戴法：插饰在头顶；插在脑后方的发髻上。

王，快醒醒，要祭祀了啊！

戴上玉梳背、三叉形器和锥形器，

王后的科普时间

有一些玉器，是男性贵族专用的。

玉钺、玉三叉形器、成组的玉锥形器，就是他们在使用。

玉三叉形器

头冠上的装饰。

半圆形玉饰

冠帽上的一种玉饰。

羽冠的冠帽

套上玉管串和手镯，

最后是羽冠。

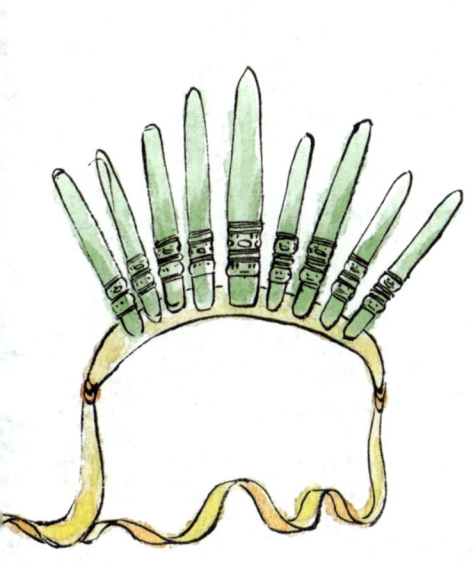
成组的玉锥形器

89

祭祀,良渚王国的盛事。

玉器是良渚人的礼器,自然也是这场盛典的"主角"。从"玉琮之王"到"玉钺之王",良渚玉器上频频出现的这个神徽,到底代表了什么?

神徽

良渚王国的神徽是个神人兽面图像。这是良渚人共同崇拜的神灵。

五千年前,在人类的心目中,神的形象既与人类有关,又不能等同于人的样子。

有些人认为这是一人一兽。

有些人认为神徽是半人半兽。

还有人认为这是神人携带神器……比如架子鼓。

你觉得呢?

良渚神徽到底是什么呢?

中国的上古神话中，许多神都是半人半兽的形象，最著名的是人身龙尾的伏羲和人身蛇尾的女娲。

西方神话里，最著名的半人半兽形象是古埃及的斯芬克斯。

传说天后派斯芬克斯坐在城市附近的悬崖边上，向过路的行人问一个问题：早上四条腿走路，中午两条腿走路，晚上三条腿走路，这是什么动物？

这个问题后来被一个年轻人答对。答案是人。早上、中午、晚上分别比喻人的幼年、中年和老年。

古埃及的一位法老按照斯芬克斯的形象建造了一座石像，我们现在称之为狮身人面像。

在良渚人世代相传的故事里,翱翔于天地之间的飞鸟是神灵的使者。良渚人制玉时,常常在鸟的身上刻上神灵的眼睛。

在良渚人的现实生活中,也有一个英雄。他带领大家治水、建城、安居乐业,被大家看作是"保护神"。

后来,良渚人就把英雄和神鸟的形象相结合,创造出了一个新的神灵形象:他头戴羽冠,驾驭神鸟,守护着整个良渚王国。

在经历千年繁荣后,良渚王国突然消失了,原因至今成谜。

不过，良渚文明对中华文明的影响是绵延不绝、极为深远的。

考古给我们提供了穿越时空的眼睛。四千多年前，地处长江下游的良渚文明所创造的玉琮，交流传播到了很远的地方：最南面，在广东石峡文化中发现了良渚玉琮；最北面，在陕西神木石峁遗址和延安芦山峁遗址都发现了良渚玉琮。

良渚人创造的玉琮也影响了后世，商代的河南安阳殷墟遗址、四川成都金沙遗址都有仿良渚的玉琮。

论述华夏民族礼乐体系的《周礼》说："以玉作六器，以礼天地四方，以苍璧礼天，以黄琮礼地……"琮、璧就是良渚人的发明。

当我们向着中华文明的源头上溯，将能看到，良渚王国跨越五千年的时光，无声地诉说着最初的故事……

作者简介

文

刘　斌　毕业于吉林大学历史系考古专业。1985年至今一直在浙江省文物考古研究所从事考古工作。现任浙江省文物考古研究所所长。

曾参加过浙江余杭反山、瑶山等著名的考古发掘工作，并主持发掘了浙江余杭汇观山、嘉兴南河浜等许多重要的新石器时代遗址。2006年至2007年主持良渚遗址的钻探调查，发现了良渚古城。现主持"考古中国：长江下游区域文明模式研究"课题。在中国史前考古和史前玉文化研究方面有较深的造诣。

主要著述有：《南河浜——崧泽文化遗址发掘报告》《中国出土玉器全集　浙江卷》《神巫的世界——良渚文化综论》《良渚古城综合研究报告》等。

余靖静　原新华社记者，长期关注文教领域，曾参与2007年良渚古城、2016年良渚大型水利工程等考古发现报道。现任有问科技CEO，致力于借助大数据技术，为学者和记者进行专业能力的"数据画像"。

图

曾奇琦　浙江科技学院动画系系主任，副教授，硕士生导师，美国Drexel University访问学者，主要从事动画设计、插画漫画等方面的教学与创作研究。

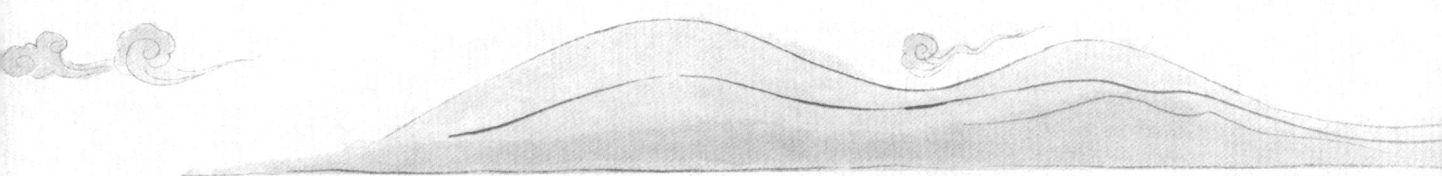